Ramona
Roßbach

Von Menschen
und anderen
Kuriositäten

Gedichte

Bibliographische Information der Deutschen Nationalbibliothek:
Die Deutsche Nationalbibliothek verzeichnet diese Publikation in der
Deutschen Nationalbibliographie; detaillierte bibliographische Daten
sind im Internet über http://dnb.dnb.de abrufbar.

© 2019 Ramona Roßbach
Herstellung und Verlag:
BoD – Books on Demand, Norderstedt

ISBN: 978-3-748-17180-5

Inhalt

1. Mensch über All ?

Paradoxon

Ich blick ins Weltenall hinaus
und ahn, wie klein ich bin.
Das alles sieht so riesig aus
und ich kenn nicht den Sinn.
Und doch bin ich in mir zu Haus,
spür, dass ich richtig bin.

Alte Frage

Man dringt tief ins Weltall,
in kleinste Atome,
man jagt nach dem Urknall,
vielleicht auch Fantome.

Schon viel ist geklärt und mehr noch bleibt offen,
doch ruft wohl im Menschen das uralte Hoffen,
dass eines Tags man die Antwort drauf find',
wer letztlich bloß wir selber sind.

Der Stein

Es strebt ein Mensch nach Ewigkeit,
läuft um die Wette mit der Zeit
und wird, weil er so vieles will,
so gar nicht ruhig und niemals still.
Recht vieles hat er schon geschafft,
doch bleibt die Zukunft rätselhaft.
Der Mensch will Spuren hinterlassen,
will alles können und erfassen,
dabei am liebsten ewig sein.
Da lächelt mild ihm zu – ein Stein.

Abendweg

unterwegs am Abend
das Radio voller Nachrichten
über den Zustand der Welt
genauer: der Menschen
deren Politik und Leben und Tod

Derweil hängt überm Horizont
groß und rund die gelbe Scheibe
am Himmel der Nacht
in endloser Weite
und sagt so still und mild
mit überirdisch hellem Schein:
„Du, Mensch, wie bist du klein!"

Winzig

Wenn der Mensch ist neu geboren,
scheint er winzig und verloren,
muss noch reifen, muss noch werden,
dass er klarkommt hier auf Erden,
ist bis dahin angewiesen
auf Erwachsne, die gleich Riesen
ihn auf seinen Wegen weisen,
bis er selber geht auf Reisen,
bis er selber ist ein Riese,
viel erklärt und lehrt wie diese,
wobei er dann recht leicht vergisst,
dass da noch etwas andres ist,
vor dem er selber ist ganz klein,
voll Ehrfurcht nur kann staunend sein.

2. Fragen

Wer weiß?

Wer weiß, was Kunst ist,
und weiß, was gefällt?
Wer weiß, wer du bist,
und wer kennt die Welt?

Wer weiß, was wichtig
und gut ist und schön?
Wer sieht es richtig,
kann alles versteh'n?

Wer weiß, was Kunst ist
und was eben nicht?
Wer weiß, wer du bist
und was aus dir spricht?

Wie?

Sie sprach mit leiser Stimme und wurde nicht gehört,
er rief es aus energisch, das hat dann gleich gestört.
Wie soll man Wahres sagen,
dass jeder es versteht,
und in die Welt raustragen,
was alle doch angeht?

Was ist normal?

Ist es normal, möglichst spät aufzusteh'n?
Ist es normal, auf und ab stets zu geh'n?
Ist es normal, tausend Hobbies zu haben,
oder vielleicht, sich am Nichtstun zu laben?
Ist es normal, sich zu nichts zu verpflichten
oder sich immer nach Andern zu richten?
Ist es normal, jeder Norm zu entsprechen,
oder viel mehr, diese Normen zu brechen?
„Was ist normal?" werf ich fragend ins All.
Als Antwort kommt prompt meiner Stimm' Widerhall!

bequem

Ihr Blick ist geheftet auf technisch' Begleiter,
wie ferngesteuert sie wandeln,
sie googlen und chatten und klicken sich weiter
und scheinen kaum selber zu handeln.

Wer ist wessen Helfer und wer lenkt das Spiel?
Wer hat einen Vorteil wovon?
Ruft niemand nach Revolution?
Wozu denn – so ohne Probleme und Ziel?

3. Gescheiter(t) ?

Relativ schlau

Der Mensch ist ein Tier mit zwei Beinen,
recht intelligent, könnt man meinen.
Doch dafür, dass nun er spart einige Zeit,
die nicht mehr mit Jagd er verbringt,
und dass sein Gehirn ist entwickelt so weit,
es mir den Gedanken abringt,
er sei vielleicht letztlich nicht allzu gescheit
- und schließlich erst recht nicht vor Fehlern gefeit!

Gedacht

Der Mensch ist ein Tier, das auch denkt,
am liebsten sein Leben selbst lenkt,
mal gut und mal schlecht,
doch selten gerecht.
Wenn auch an die Mitwelt er dächt',
sein Tun wohl viel brächt'.

Gut gemeint

Herr Tuviel hatte viel zu tun
und wollt am Abend sich ausruh'n.
Frau Tuviel wollt' ihm Freude machen
und schlug ihm vor ganz viele Sachen.
Sie redete voll Überschwang
ihm zu den ganzen Abend lang.
Herr Tuviel innerlich bald grollte,
da er doch einfach Ruhe wollte.

Drei Tage später, wieder fit,
am Zustand dieser Welt er litt.
Er wollte Menschen etwas geben,
die hatten kaum genug zum Leben.
Als Hilfe er ganz vieles brachte,
was ihm persönlich Freude machte.
Vor Groll bald innerlich wer fauchte,
weil man doch ganz was andres brauchte.

Die Mücke

Recht friedlich-nette Zeitgenossen
von einer Mücke war'n geplagt.
Sie waren bald gar sehr verdrossen,
die Mücke haben sie gejagt.

Als andern Tags ganz andre Mücke
sich ihnen näh'rte mit Gesumm,
da war's für sie kein großes Stücke:
Sie brachten schnell die Mücke um.
Natürlich nur, um sich zu retten,
damit sie ihren Frieden hätten.

Derweil ein Herrscher, fern der Mücke,
sein Land beschützte, ganz entschieden,
indem er angriff voller Tücke
und rief: „Lasst dieses Land in Frieden!"

An die Vorurteile

Wovor habt ihr Angst, wenn ihr Andre beäugt,
als sei'n sie aus ganz andrer Welt?
Wovor habt ihr Angst, wenn ihr nur dem euch beugt,
was ohnehin längst euch gefällt?

Ist's wohl Angst vor dem, was jene sind,
davor, dass ihr das nicht seid?
Und dass eines Tages könnt dreh'n sich der Wind,
wenn ihr dafür nicht bereit?

Wer weiß, was falsch ist und richtig und gut?
Man kann Neues lernen. Seid offen, habt Mut!

Es säh' auf der Welt
mit mehr Toleranz
gleich viel besser aus!

So sag ich und denk:
„Mein Nachbar ist doch
ein ganz komisch' Kauz!"

Missgeschick

Die Bahn, sie hielt; die Frau, sie rannte;
ein netter Gentleman erkannte,
dass es doch gut und höflich sei,
den Eingang ihr zu halten frei.

Voll guter Ding' die Tür blockierend,
war er vor Freud' bald triumphierend,
als nach Sekunden, quälend-lang,
der Einstieg jener Frau gelang.

Ein andrer Herr, gefasst bisher,
nun plötzlich seufzte, tief und schwer.
So traurig auf die Uhr er schaute,
dass unsrem Gentleman es graute.

Er hatte alles gut gemacht,
die Andern aber nicht bedacht,
die's eilig hatten auf den Schienen
und dringend mussten zu Terminen!

Die Frau derweil ein „Danke" sagte,
im Nachhinein sich dann beklagte:

„Ich war nur deshalb so spät dran,
weil in der vor'gen Bahn ein Mann
recht lange deren Tür blockierte,
wofür er sich wohl nicht genierte."

Der Gentleman nun bitter lachte,
bevor versöhnten Blicks er dachte:
„So schlecht sind doch die Menschen nicht,
nur sehr begrenzt ist ihre Sicht!"

Perspektive

Ist es müde Lethargie nur
oder Ruhe voller Glück?
Liegt dort Hektik, rastlos Aufruhr
oder Tatendrang im Blick?
Ist der Geiz bloß sparsam' Leben
und Verschwendung herzlich' Geben,
Neunmalklugheit vielleicht Wissen,
Unbestimmtheit: nichts tun müssen?
Zeigt wenig Kenntnis Frische, Jugend?
Was dir könnt' Last sein, mach zur Tugend!

4. Alltagsgeschichten

Zoo

Zoe, das Leben,
im Zoo kann man's seh'n,
wo hinter den Stäben
die Menschen hergeh'n:

Kinder, die streiten,
Erwachsne voll Ruh,
Blicke, die gleiten
vom Ich zu dem Du.

Wer ist hier draußen
und wer eingesperrt?
Ist innen außen,
mein Blick wohl verzerrt?

Welch seltsam' Ort!
Wer raubt, wer ist Tier?
Des einen Dort
ist des anderen Hier!

Die Spinne

Dort an meinem Fenster
lebt ein kleiner Stern.
Es ist eine Spinne
und ich hab sie gern.

Ich wollt sie am Anfang
möglichst schnell entfernen,
doch war jene Nacht kalt
draußen unter Sternen.
So ließ ich drin sie wohnen,
damit es gut ihr ginge.
Das sollt sich für mich lohnen:
Ich mocht bald diese Spinne.

Sie spann sich schnell ein Kunstwerk
von allerfeinstem Garn
und saß ganz ruhig im Zentrum,
wo alle Fäden war'n.
So ziert sie still das Fenster
in hübscher Symmetrie,
als wäre sie schon längst da,
und ich bestaune sie.

Wird's draußen wieder wärmer,
werd ich sie schicken fort.
Dann wird mein Fenster ärmer,
doch saubrer wird's dann dort.

Gebildet?

Die Menschen sind belesen
vielleicht einmal gewesen.
Sie scheinen, wie man's schildert,
nun heute mehr bebildert.

Versucht

Das Smartphone ist ein Wunderding,
enthält's doch ganze Welten,
die ich in meinen Alltag bring,
sei'n sie auch noch so selten.

Ich starr hinein, werd informiert
und finde, was ich wollte.
Doch such ich weiter, ungeniert,
als ob ich das nur sollte.

Seh nicht die Sonne, nicht den Himmel,
nur virtuelles Bildgewimmel
und weiß am End kaum, wer ich bin.
Verlor'n bin ich im Wunderding.

Entflohen

Ich suchte einst im Internet
ein paar Informationen,
als ob ich nicht genug schon hätt',
und fand davon Millionen,

die, die ich suchte, und andre dazu,
ein Wirrwarr an Stimmen, wachsend im Nu.
Sie sprachen und riefen in Kakophonie,
betörend, verstörend und laut waren sie,
als wollt' eine jede die andern beschwören.
Es war außer Lärm recht bald nichts mehr zu hören.

Da schlugen die eigenen Sinne Alarm:
Die Informationen entfallen mir war'n!
Ich floh aus den Weiten der endlosen Stimmen,
wo Ungereimtheiten mit Wicht'gem verschwimmen,

und saß nun in Stille.
Das Lärmen war fort.
Da formte sich langsam,
ganz leise und schön,
in meinem Innern
ein einziges Wort
- und ich konnt's versteh'n.

Stille Post

Stille Post,
Flüsterton.
Wer errät's?
Wer weiß es schon?

Stille Kost,
schon verdreht!
Wer errät's?
Wo ist's zu spät?

Schrille Kost,
was soll das sein?
Die Kommunikation
bricht ein!

Kinderweisheit früher Tage,
für Erwachsne neue Frage:
Wo kommt bloß die Info her,
die heute mich verwundert sehr?

Der Schirm

So gar nicht hatt' ich nachgedacht,
als ich mich auf den Weg gemacht
ohn' Schirm an einem Tag ganz grau.
Ich weiß es wohl: Es war nicht schlau.

Doch als der Regen sich ergoss,
war ich am Ziel schon und genoss
das gänzlich unerwartet' Glück,
kam trocknen Fußes auch zurück.

Als später wieder raus ich ging,
da kam's mir gar nicht in den Sinn,
den Schirm doch diesmal zu ergreifen,
traumtanzend wollt ich weiterschweifen.

Doch wem das Glück nun war so hold,
der ehrfürchtig sich freuen sollt
und bei nächster Gelegenheit
vernünftig handeln und gescheit!

Wer zu sehr sich auf's Glück verlässt,
am End' womöglich ist durchnässt.

Jedoch: Wer stets nur Zweifel hegt,
kommt weiter kaum, bleibt unbewegt.

Versehen

So vieles hatte ich bedacht,
den Fehler trotzdem dann gemacht.
Es erschien mir unbestreitbar,
dass bestimmt er war vermeidbar.
Doch vielleicht war er's auch nicht,
begrenzt ist schließlich meine Sicht.
Wenn ich lern aus dem Versehen,
kann es noch recht gut ausgehen:
Meine Wege geh ich weiter
klüger, reifer, ja, auch heiter!

Glück

Es zog ein Glück einst in die Welt
und hat sich mir bald vorgestellt.
Ich wusste kaum, wie mir geschah,
auf einmal war es einfach da.
Voll Freude schrieb ich ein Gedicht
- denn etwas andres konnt' ich nicht -
und schenkte es sehr netten Leuten,
die sich darüber mächtig freuten,
dann ihrerseits die Freude mehrten,
indem sie Andern Glück bescherten.
Und letztlich wurde Stück für Stück
aus kleinem ein ganz großes Glück!

Denkmal fürs Gewöhnliche

„Wo wart ihr im Urlaub?"
– „Wir waren zu Hause."
„Was macht die Karriere?"
– „Mal läuft's, mal ist Pause."
„Und was hast du sonst so demnächst noch geplant
an etwas Besond'rem? Ich horche gespannt!"
– „Ich leb meinen Alltag und geh Stück für Stück,
ich tu, was ich gern mag, find stets etwas Glück,
hab reichlich zum Leben, erfahre auch Sinn,
darf nehmen und geben und mag, was ich bin,
spür Funken vom Ew'gen im Alltag aufglüh'n,
hab so viel in Wen'gem, darf wachsen und blüh'n.
Was morgen mir zufällt, kann ich noch nicht sagen.
Für mich der Moment zählt. Hast sonst du noch
Fragen?"

5. Arbeit und mehr

Büro

Ich saß vor einem Zettelberg
und sucht' am Schreibtisch dort.
Ich suchte und ich tat mein Werk,
doch was ich sucht', war fort.

Ich stapelte die Zettel hin,
danach gleich wieder her.
Doch fand ich dabei keinen Sinn,
der nennenswert hier wär.

Ich suchte wirklich ganz gründlich,
doch war es zum Verzetteln-sich.
Da wurde plötzlich fündig ich
und fand unter den Zetteln: mich!

Wichtig

Ich habe jetzt einen wicht'gen Termin,
viel wicht'ger als das, was ist hier.
Das Treffen ist dringend, wird Kreise zieh'n:
Verabredet bin ich mit mir.

Kein Krug

Der Krug geht zu Wasser
so lang, bis er bricht.
Doch da ich kein Krug bin,
will ich dieses nicht,

stattdessen mich ausruh'n,
bevor es zu spät,
heut nicht allzu viel tun,
damit's morgen noch geht.

Gedankenspiel

„Nein", sagte die Pflicht,
„heut will ich mal nicht."
Und ging hinaus ins Freie.

Stimmig

Fast alles hab ich hinbekommen
von dem, was ich mir vorgenommen.
Vermutlich ist's nicht meine Kraft,
durch die ich da so viel geschafft.
Wer schlicht sich nicht zu viel vornimmt,
erhält eine Bilanz, die stimmt!

Werktag

vom Schlaf noch ummantelt
auf dem morgendlichen Weg
innegehalten,
die Bäume begrüßt
und manch vorwitzigen Vogel beobachtet,
munterer werdend
die Zeit vergessen
und rechtzeitig sie wiedergefunden,
gearbeitet,
in der Pause
mit netten Leuten ins Gespräch gekommen,
noch mehr gearbeitet,
erfolgreich
am frühen Abend
ein paar Sonnenstrahlen gepflückt,
welche der Himmel als Schmuck
in die Bäume gehängt hatte,
auf dem Heimweg
in ein Stadtfest geraten
und in neue Ideen gestolpert,
später zu erzählen den Anderen,
heimgekommen, angekommen
und schließlich in die Nacht geglitten
mit einer Prise Müdigkeit
und latentem Glücksgefühl

Anders

Ein Mann sollt einst Karriere machen,
erlangen Ruhm und viele Sachen.
Er war auch strebsam und recht tüchtig,
doch war ihm ganz was andres wichtig:
Er ward bald Vater, Ehemann
und fing ein neues Leben an.
Zu Hause er viel Zeit verbrachte,
was letztlich ihn sehr glücklich machte.

Derweil man einer Frau erzählte,
dass ohne Kinder ihr was fehlte.
Doch ihr war ihre Freiheit wichtig,
ein Leben ohne Kinder richtig.
So konnt sie eigne Wege gehen,
die Welt bereichern um Ideen,
für die sonst hätt' gefehlt die Zeit.
Und die Ideen reichten weit!

Der Frau und jenes Mannes Leben
verschiedner könnten wohl kaum sein.
Doch in dem unterschiedlich' Streben
ist ihnen eines sehr gemein:
Sie fanden auf ganz eignen Wegen
je ihres Lebens Glück und Segen.

6. Was sonst noch geschieht

Alternative

Ich würd so gerne Trauben essen,
noch leuchtend von des Herbstes Pracht!
Doch ist mein Wunsch wohl zu vermessen,
der Winter hat sich Platz gemacht

und hat des Herbstes buntes Treiben
aus seinem Angebot verbannt.
So muss ich wohl bescheiden bleiben,
dem Winter öffnen meine Hand.

Es ist jetzt Zeit für Clementinen,
für Äpfel und noch allerlei,
woran ich nun mich darf bedienen.
Ich freu mich dran – ich bin so frei!

Bahnerlebnis

Der eine Zug kam viel zu spät,
der andre fährt nicht, sondern steht
und steht noch bis „was weiß ich, wann",
derweil man selbst nur warten kann
und, als dann wirklich nichts mehr geht,
gemeinschaftlich aussteigen,
den Frust und Ärger zeigen,
den Tag verfluchen fürchterlich
- oder freundlich umseh'n sich,
mit Andern reden, plauschen,
Erfahrungen austauschen,
genießen die Geschichten,
die sich spontan ergeben,
dabei vielleicht auch dichten,
in jedem Falle: leben.

Der Plan

Ich hatte einen Plan gemacht
und hatte gründlich ihn durchdacht.
Daher war ich recht guter Dinge,
dass alles nach dem Plan gelinge.
Doch als ich jenen Plan gemacht,
hatt' ich das Leben nicht bedacht,
das oftmals herzlich anders kommt
und feste Pläne ändert prompt.
Als letztlich ich nicht weiterdacht,
hat's Leben seinen Plan vollbracht
und mir viel besseres geschenkt
als das, was mühsam man erdenkt.

Irgendwas kommt stets dazwischen

Irgendwas kommt stets dazwischen.
Schwimmst du im Glück, kommt ein Leid,
bist du fast fertig, stiehlt etwas dir Zeit.
Die Dinge so plötzlich entwischen,
wenn wir dafür gar nicht bereit.

Ergeh ich mich in trüber Laune,
weil's so, wie es sollt, grad nicht geht,
blick ich unverhofft auf und staune,
weil da oben ein gelber Mond steht,

so rund und so vollkommen,
als wollt er sagen mir:
„Du bist der Welt willkommen
und heute leucht ich dir!"

Irgendwas kommt stets dazwischen
und sei es ein sehr schöner Mond,
vor dem meine Sorgen verwischen
und plötzlich das Glück in mir wohnt.

7. Dazwischen tanzt das Kreative

Plötzlich da

Ich habe grad gar keine Zeit,
doch schon ist ein Verslein bereit
zu starten ein neues Gedicht,
ich kann's nehmen jetzt oder nicht.

Mal hören, was da aus mir spricht!
Mich stören wird's sicherlich nicht.
Im Gegenteil wird's klären Fragen
und ohne viel Denken viel sagen.

Die Gedichte

Es kommt ein Gedicht eher selten allein;
ist eines in Sicht, können's mehr recht bald sein:
Gedanken zieh'n Kreise und setzen sich fort,
sie gehen auf Reise und fließen ins Wort,
sind oftmals zu viele für nur ein Gedicht.
So werden's verschiedene – oder auch nicht.

Wortlos

Ich suchte einst ein hübsch' Gedicht.
Ich suchte – doch ich fand es nicht,

besah die Bäume,
spürte Wind,
erahnte Träume,
die da sind
tief und schön in allen Dingen,
die in mir so widerklingen
ohne Worte, voll und rein.

Ich kann es nicht greifen
- will einfach nur sein.

Rechtschreib-Übung

Ein Blick ist erwünscht.
Ein Tritt ist umsonst.
Ein Stein ist das Thema.

Einblick ist erwünscht.
Eintritt ist umsonst.
Einstein ist das Thema der Ausstellung.

Sommergarderobe

Fröhlich-bunte Sommerkleider
laufen heute durchs Büro.
Herrenhemden leuchten heiter,
sogar Dunkles grüßt mich froh:

Weiße Punkte, klein und rund,
auf türkisgefärbtem Grund.
Oder sind es vielleicht Sterne,
hoch im Himmel, in der Ferne?

Dort noch mehr im Schwarz der Nacht,
große Lichter, die entfacht!
Kleider werden Himmelszelt,
schwarze Hemden All der Welt.

Daneben steht ein leuchtend' Grün
mit roten Blumen, die da blüh'n.
Welch saftig' Wiese, weites Land
gleich neben hellem Wüstensand!

Mein Blick zum nächtlich' Dunkel gleitet,
das schon zu tiefem Blau sich weitet.
Und plötzlich hab ich freie Sicht
auf gelbes Kleid aus Sonnenlicht.

So führt mich kurzer Pause Reise
auf gänzlich unerwartet' Weise
durch Weiten unsrer Galaxie.
Wie dank ich meiner Fantasie!

8. Hier und dort und überall

Hineingenommen

In der Stadt: ein geschäftiges Treiben
und Menschen, die plötzlich stehen bleiben,
zu lauschen des Musikers wiegenden Klängen,
schwerelos tanzend, als ob sie durchdrängen
uns alle und die gesamte Stadt.
Wer eilig es hat,
schwingt doch im Inneren mit.
Da sind in das Ganze, Schritt für Schritt,
wir nun hineingenommen
und, schwebend wie in sanftem Wind,
wir spüren, dass Musik wir sind,
und spürn, woher wir kommen.

Kreisend

Sind wir wohl wie Planeten nur,
die kreisen, kreisen, kreisen,
ein jeder auf der eignen Spur,
auf unermüdlich' Reisen

um jene Mitte, die uns hält,
zum Ursprung und zum Ziel der Welt,
wo alle Weg' hinweisen?

9. Weit entfernt vom Paradies

Neujahrsschmutz

Der Mensch ist wohl ein Optimist:
An Neujahr überzeugt er ist,
dass all das Feuerwerk der Erde
trotz Feinstaub schon nicht schaden werde.

Blutmützen

Im Schaufenster bunt mir entgegenleuchtend
sind sie säuberlich aufgereiht,
die fröhlich-farbigen Mützen der neuen Saison,
der nächsten Wochen,
bevor bald schon neue kommen.

Blut tropft aus meinen Gedanken
beim Anblick der hübschen Farben.
Das Blut derer,
die zu einem Hungerlohn
die Billigware geschaffen haben,
auf der unser Reichtum schwimmt.
Das Blut der Natur,
die längst ungehört ächzt
unter der Last menschlicher Gier,
welche am Ast sägt, auf dem sie sitzt.

Zu mir herüber grinsen sie,
die Blutmützen,
verächtlich über unsere Dummheit lachend,
die wir versucht sind sie zu kaufen
um den Preis unserer Lebenswelt,
immer auf den eigenen Vorteil bedacht
und doch alle in dem einen Boot,
das langsam droht zu kentern.

Sie lachen uns aus,
die wir geblendet in Schaufensterfallen tappen
und die zigtausendste Blutmütze kaufen,
obwohl doch jeder immer nur
eine einzige gleichzeitig tragen kann.
Wieviel davon ertragen wir noch,
ohne hinzusehen, ohne wegzusehen?

Sie tun weh, die Blutmützen,
bei ihrem Anblick.
Sehen wir hin!
Nur was gesehen wird, kann heilen.
Wenn du und ich und alle
den Schmerz spüren
und wach werden,
ist es vielleicht noch nicht zu spät
für unseren Heimatplaneten.

Dann wären die kurzlebigen Mützen
doch nicht ganz so nutzlos
in ihrem hübschen Schaufenster.

All inclusive

Sommer, Strand, Erholung will ich
und bestes Essen, aber billig!
Als Urlaub such ich ganz genau
die eierlegend' Wollmilchsau

und find schon bald zu günst'gem Preise
die All-inclusive-Luxusreise
mit Flug zum Ziel und auch zurück,
dazwischen pures Urlaubsglück:

ein Liegeplatz am traumhaft' Strand
und Wohnen wie im Märchenland,
verwöhnt mit tausend Köstlichkeiten,
Erlebnis- und Entspannungszeiten,
umsorgt von freundlichst Personal.
Der Preis, sein Lohn, ist minimal.

Auch Smalltalk gibt's mit Gleichgesinnten,
die jeden Service prima finden,
Hotelanlagen wunderbar,
wo's früher landestypisch war
mit Gastfreundschaft und Traditionen.
Nun ist für uns dort Platz zum Wohnen

und alles gibt's im Überfluss,
auch Müll, den man entsorgen muss,
dazu noch extra CO_2
von viel Transport und Fliegerei
sowie, wenn man's entsprechend deutet,
Bevölkerung, die ausgebeutet.

Zurück geht's schließlich zum Flughafen,
der Busfahrer hat kaum geschlafen.
Gefahr auf eignes Risiko,
für Andre Nachteil sowieso,
auch Sterben von Korallenriffen:
Das alles ist mit inbegriffen.

Besserung wünschenswert

So gut fühlt es sich also an,
in der Katastrophe zu leben.
Kinder werden geboren,
neue Ideen entstehen,
der sorglose Alltag lebt sich weiter,
während um uns herum
die Welt zugrunde geht
an uns.
Wir sind das Geschwür der Erde geworden.

Weiß ein Geschwür, dass es schädlich ist,
ja sogar töten kann?
Sein Ziel ist wohl Wachstum
als maßloses Wuchern.
Und während wir uns ausbreiten ohne Rücksicht,
schlägt unser Lebensstil zurück,
lässt vermehrt in uns wuchern,
was nicht im Einklang mit uns steht.
In denen auch, die es nicht verschuldet haben.

Weiß ein Geschwür, dass es ein Geschwür ist?
Und sind wir das einzige,
das vielleicht es wissen könnte?
Was wäre, wenn wir einfach aufhörten zu wuchern
und einfach einfach lebten?

Der Wohnplanet

Ein Mensch aß seinen Wohnplanet
durch seinen Lebensstil.
Zum Umkehr'n war es bald zu spät,
zerstört war schon so viel.

Der Mensch so gerne gut sein wollt,
dass vieles besser werde.
Nur tat er nicht, was er doch sollt:
bewahren diese Erde.

Von morgen aus betrachtet

Es hieß früher einmal:
„Seid fruchtbar und mehrt euch!"
Geworden ist's scheinbar:
„Seid furchtbar und wehrt euch!
Erobert die Umwelt ganz ohne zu zagen!"
„Bebau'n und bewahren" hat nichts mehr zu sagen.

Was ward aus der Menschheit,
die maßlos nur nahm?
Ich wünsch, dass ich's nicht weiß,
dass anders es kam.

10. Und dennoch

Nicht verloren

Vor violetten Wolken
steh ich am Anfang der Welt
und kann nicht anders
als sein und unendlich hoffen.

Das Gebirge

Unter uns: ein tiefes Gebirge Vergangenheit,
gebaut von so vielen Generationen.
Ein paar Gipfel ragen auf bis in die heutige Zeit
und sind uns lebend' Legenden, Mentoren.

Doch weiter geh'n Zeiten
und Gipfel entgleiten,
sind heute vergangen.
Was soll'n wir anfangen,
voll Ehrfurcht auf dem Ererbten stehend?

Vielleicht uns erinnern und weitergehen,
getragen von damals, der Zukunft trauen?
Jetzt ist's an uns, am Gebirge zu bauen.

Halbmondrund

Halbmondrund
hängt stumm am Himmel,
halb wie vieles hier:

das Vorhaben,
das teilweise nur umgesetzt wurde,
weil es zu spät war
oder es an Anderem fehlte,

der gute Wille,
der Berge versetzen könnte,
aber es nicht tut,

die liegengebliebene Unordnung
zu Hause.

Rosafarbene Wolken
glühen auf im Morgendämmern
und werden vertrieben vom Blaugrau
des neuen Tages.
Voraussichtlich
hast du diesen ganz.

11. Auf der Zielgeraden und darüber hinaus

Anfangen

So viel zu tun
und nichts gemacht.
Es lockt das Ruh'n,
ganz unbedacht,
und hält in wohl'ger Lethargie.

Fang einfach an!
Es wird schon gut,
wenn endlich man
den Schritt erst tut,

der alle weitern möglich macht,
vielleicht auch den Elan entfacht,
der schließlich kann bewirken viel,
zur nächsten Rast trägt und zum Ziel.

Entschieden!

Nein, ich hab es nicht bereut,
bin im Glück und voller Freud'!
Denn manchmal ist's nicht zu vermeiden,
sich klar für etwas zu entscheiden:

Geh ich hinaus die Welt erkunden,
so fehl'n mir vielleicht Ruhestunden.
Und wenn ich müßig alles lasse,
womöglich ich sehr viel verpasse.

Ich kann nicht hier sein und auch dort,
zur selben Zeit am selben Ort.
Wenn ich den einen Weg begehe,
vom andern ich nur wenig sehe.

So sollt ich Pfade wohl verlassen,
die nicht zu meinen Zielen passen,
die nicht mir selber zugewiesen,
sei'n sie von Andern auch gepriesen.

Ich sollt aus Möglichkeiten wählen,
die für mich besonders zählen,
statt zu betonen den Verzicht
entscheiden mich voll Zuversicht!

Welch Glück nun, wenn – mir selber treu –
im Nachhinein ich nichts bereu,
an der Entscheidung mich so freu!

Käsemond

Großer, runder Käsemond
dort oben in der Nacht!
Welch ein Blick! Ich bin belohnt
für Zeit, die ich durchwacht!

Vergessen ist der Arbeit Müh',
mich grüßt die fremde Welt,
unwirklich leuchtend in der Höh',
wie durch Magie erhellt,

erinnert mich mit einem Mal,
dass dies ist Wirklichkeit,
dass wir auch schweben durch das All.
Der Kosmos ist so weit!

Gewartet

Erreicht ist das Ziel!
Nun streb ich nach Neuem…
Doch halt! Nicht zu viel!
Ich sollt mich noch freuen,
bevor ich schon wieder nur weiter geh'n will.

So wart ich und warte
und horche und schau.
Was ich da erwarte,
weiß ich nicht genau.
Ich spüre und atme
und lebe und bin
und wart noch und warte,
erahn einen Sinn.

Dann wird es auf einmal in mir hell und weit
und in bunten Farben strahlt Glückseligkeit.

12. Rezepte für Alltagsglück

Toller Moment

ein toller moment
festgehalten gerade jetzt
mit deinem wunderwerk von bildschirm
gestochen scharf in leuchtenden farben
fast so als wäre man dabei

nimm den Rahmen weg
du **bist** dabei
beim überwältigend großartigen Moment
nimm ihn in dich auf
mit allen deinen Sinnen
und lebe ihn

Vielleicht hast du am Ende
weder Foto noch Video,
aber die unauslöschlich schöne Erinnerung
an diesen einen, im Jetzt gelebten
Augenblick Glück!

Gesagt

Ihr sagt: „Es ist nicht schlecht.“
– Warum nicht: „Es ist gut“?
Ihr sagt: „Hab keine Angst.“
– Sagt doch: „Vertrau! Hab Mut!“
Lasst sein das Wort Beschränkung nicht,
stattdessen weit, voll Zuversicht!

Das „L“

Füg zu der *Enge* ein **L**,
dann kommen die **Engel** recht schnell
und machen aus *Sorgen*
dir leuchtenden **Morgen**,
aus *Bangen* und *Hoffen*
Erlagen und **offen**
steht dank kleiner *Handlung*
dir großart‘ge **Wandlung**!

Gelöst

Kommt dir mal was in die Quere,
das Anlass zum Sich-Ärgern wäre,
so mach was draus: Schreib ein Gedicht!
Sich drüber ärgern lohnt meist nicht.

Urlaub am Wegesrand

Ist dir der Alltag mal zu eng,
so sei mit dir nicht allzu streng:
Such Urlaub dir am Wegesrand,
Italien im Café,
den Kosmos dort am Waldesrand,
das weite Meer im See

und sei für zehn Minuten nur
der Welt entrückt, doch ganz dabei,
genieße deiner Seele Kur,
mit Wolken schwebend frei.
Kommst du zurück dann ganz entspannt,
trag in dir den Urlaub vom Wegesrand!

Freie Sicht

Guck Löcher in die Luft,
spür wie die Freiheit ruft!
Nichts müssen und nichts sollen,
nur wenn du magst, was wollen
ist wunderbares Glück,
das wohnt in deinem Blick!

Tupfen aus Schokolade

Tropf Tupfen aus Schokolade
in deinen Milchkaffee!
Bestaune sie als Parade
von tanzend' Flecken im Schnee!

Es gibt der Momente wohl viele,
in denen verrückt solches scheint.
Doch ist in Ästhetik, im Spiele
die Welt mit uns friedlich vereint.

Das Fest

Lasst uns feiern heut ein Fest,
wie es sich grad feiern lässt!
Esst gemeinsam, tanzt und singt,
bis im Herzen's widerklingt!
Da ist weder Land noch Rang,
nur noch Menschen, nur noch Klang
und ein Feiern hier und heut,
einend alle voller Freud'!

Träume den Tag!

Träume den Tag!
Sieh, was er vermag!
Geh auf Alltagswegen
dem Glück heut entgegen;
lass von seinen Launen
dich freudig erstaunen,
und sei's auch nur flüchtig.
Momente sind wichtig:
Sie weben den Tag.

Ergreife den Tag!

Ergreife den Tag!
Er kommt so nicht wieder.
Erleb seine Lieder,
spür, was er vermag!

Was immer du tust,
sei's zweifeln und fragen,
sei's fröhlich sein, wagen,
sei's ruhen und liegen,
viel tun oder fliegen,
stets mach es bewusst.
Ergreif diesen Tag!

13. Zu guter Letzt

Zwiegespräch mit mir selbst

Ich bin mit mir glücklich, hab Gutes im Sinn.
Das ist schon recht löblich, doch wo führt es hin?
Vermindert das Schlechte, das ich nicht begeh,
all das Ungerechte, das um mich ich seh?
So hübsch es auch sein mag, sich gut auszuruh'n,
ist's manchmal doch nötig, auch Gutes zu tun!